Sonia Edwards

Y Tŷ ar Lôn Glasgoed

y **L**olfa

Cyfres Golau Gwyrdd Rhif 1: cyfres o nofelau i ddysgwyr

Argraffiad cyntaf: 2005
© Sonia Edwards a'r Lolfa Cyf., 2005

Cynllun clawr: Y Lolfa
Llun y Clawr: Siôn Ilar

Rhif Llyfr Rhyngwladol: 0 86243 774 1

Cyhoeddwyd, argraffwyd a rhwymwyd yng Nghymru
gan Y Lolfa Cyf., Talybont, Ceredigion SY24 5AP
e-bost ylolfa@ylolfa.com
gwefan www.ylolfa.com
ffôn (01970) 832 304
ffacs 832 782

RHAN I
Gwawr

Doeddwn i ddim isio dod yma yn y lle cynta. Syniad Sam oedd o. Lle i fynd am ffag. Cael *llonydd*. *'Mochel rhag* y glaw.

Fel pe na bai gynnon ni gartrefi i fynd iddyn nhw.

Doedd y grisiau ddim yn saff. Hen risiau. Hen le. *Ogla* henaint drwy'r tŷ. *Tamprwydd. Llwydni.*

Llonydd.

Ie, llonydd. Dyna pam y daethon ni yma, i gael llonydd.

"Dwi'n pissed-off," medda Sam.

"A fi," meddwn inna. *Cytuno.* Mi oedd hynny bob amser yn syniad da. Cytuno hefo Sam.

"Be sgin ti i fod yn pissed-off amdano fo? Ma petha'n iawn i chdi!" *Brathu. Brifo.* Rêl Sam. *Ers* yn yr ysgol fach. Ers erioed. Torri fy jîns newydd i hefo siswrn. Tynnu gwallt. *Dwyn* petha plant eraill *a rhoi'r bai* arna i. Dwi ddim yn siŵr

---

Margin glossary:

peace / shelter from

smell damp / mildew

to agree

to bite to injure / since

to steal to put the blame

afraid of her

her tongue

had chosen
nursery
class
you can be

hated it then

to follow /
like a lamb

to change

to loiter

pam roeddwn i'n ffrindiau hefo hi dros y blynyddoedd. Roedd gen i *ei hofn hi*, a dweud y gwir. Ofn *ei thafod* hi. Ofn y pethau cas roedd hi'n eu gwneud o hyd ac o hyd ac o hyd.

Efallai mai dyna'r rheswm. Yr ofn. Hi oedd *wedi fy newis* i, ers pan oedden ni yn y *dosbarth meithrin* yn bedair oed.

Hi'n fy newis i. Hei, chdi. *Mi gei di fod* yn ffrind i mi. A finna ofn dweud na.

Fel y smôc gynta flynyddoedd yn ôl. Pan oedden ni'n ddeg oed. Roeddwn i wedi *ei gasáu o bryd hynny* a dwi'n dal i deimlo'n sâl pan fydda i'n clywed ogla mwg...

Doeddwn i ddim isio dechra smocio...

A doeddwn i ddim isio dod yma. I'r lle ma, ond mi wnes i. *Ei dilyn* hi *fel oen,* fel erioed. Ond dyma'r tro olaf.

Roeddwn i'n mynd i ddweud wrthi. Dim plant bach oedden ni rŵan. Roedd ein bywydau ni'n *newid*. Wedi newid yn barod. Roeddwn i wedi aros yn yr ysgol i wneud Safon A. Ond, *sefyllian* ar gorneli strydoedd y dre ma roedd hi yn ystod y dydd ac yn gwerthu nicyrs ar stondin yn

— 6 —

y farchnad ar ddydd Sadwrn. Job dros dro. *Ansefydlog*. Yn cael ugain punt yn ei llaw ar ddiwedd y pnawn. Doedden ni ddim *yn perthyn* i'r un byd. Doedd ganddi hi ddim hawl i *fy meddiannu i* fel hyn bellach.

Ac roeddwn i'n mynd i ddweud wrthi. Roeddwn i'n mynd *i roi'r gorau* i hyn.

Rhoi'r gorau i fod ag ofn. Rhoi'r gorau i'w dilyn hi. Rhoi'r gorau i *roi benthyg* arian iddi, arian doeddwn i byth yn ei gael yn ei ôl. Roedd rhaid i *mi dorri'r cysylltiad*. Bod yn ddewr. *Cael gwared* ohoni. Doeddwn i ddim isio Sam fel ffrind. Doeddwn i ddim isio *cael fy nefnyddio* ganddi byth eto.

Dyna pam y des i yma, dwi'n meddwl. *Euogrwydd*. Roeddwn i'n gwybod beth oeddwn i'n mynd i'w ddweud. Bod yn gryf. Un ffag. *Rhannu* can. Wedyn dweud. Egluro. Ffarwelio. Dim ond *troi ar fy sawdl* a mynd.

Roeddwn i wedi disgwyl ers talwm am gyfle fel hyn.

Pnawn Sadwrn oedd hi. Pobol y farchnad wedi pacio'n gynnar oherwydd

Margin glossary:

unsettled

belong
to possess me

to put an end

to lend

to break the contact
to get rid

to be used

guilt

to share

turn on my heel

y glaw. Ddaeth hi ddim i mewn i'r t ,
dim ond sefyll ar stepan y drws a golwg
bwdlyd arni. Wedyn, hi aeth â fi i rywle
tawel am sgwrs.

   Roedd hi'n gwybod bod Mam ddim yn
ei hoffi hi. Doedd Mam ddim yn hapus
fy mod i'n ffrindiau hefo hi. Weithiau,
roedd Sam yn mwynhau hynny. Dod
rhwng Mam a fi. *Ei pherthynas â'i* mam
ei hun, efallai oedd achos hynny. Roedd
eu perthynas nhw wedi mynd *ar chwâl*.
Roedd mam Sam wedi *ei llusgo* o un
lle i'r llall ers pan oedd Sam yn blentyn
bach. Buon nhw'n byw mewn t crand
unwaith, wedyn mewn t cyngor, mewn
stafell uwch ben siop a hyd yn oed mewn
carafán.

   Roedd hi'n *dibynnu'n union* pwy
oedd cariad mam Sam ar y pryd. Rŵan
roedden nhw'n byw mewn byngalo bach
ar stad reit *barchus*. Byngalo'r cariad
diweddara, wrth gwrs, ac mi roedd hwn
yn *ymddangos* yn well na'r un o'r lleill.
Swyddog *diogelwch* o'r enw Dennis.

   Cyflog bob wythnos. Iwnifform, hyd
yn oed. *Cyhyrau*. Roedd mam Sam

sulky

*her
relationship
with*

astray

to drag her

*to depend
exactly*

respectable

latest

to appear

security

*wage
muscles*

over the moon

nice

into her shell

shy

telling her off to last

wrth ei bodd!

"Dy fam wedi cael boi iawn o'r diwedd, Sam," medda fi wrthi. Trio bod *yn glên*. Trio bod fel ffrind. Meddwl fy mod i'n dweud y peth iawn: "Ma Dennis yn…"

"… yn fastad!" Gorffennodd Sam y frawddeg i mi. "Ma Dennis yn fastad. Ocê?"

Roedd hynny dair blynedd yn ôl. Wnes i ddim holi na dweud dim mwy ar ôl hynny, dim ond gadael i bethau fod fel roedden nhw. Dwi'n gwybod popeth erbyn hyn…

Dechrau Blwyddyn Deg yn yr ysgol oedden ni pan symudodd Sam a'i mam i fyw at Dennis. Aeth Sam *i'w chragen* am dipyn ar ôl hynny. Roedd hi'n ddistaw mewn gwersi, *yn swil* hyd yn oed. A doedd hi'n gwneud dim gwaith, dim ond copïo fy ngwaith i er mwyn osgoi athrawon *yn deud y drefn*. Ond wnaeth hynny ddim *para'n* hir. Cafodd Sam ei symud i'r setiau isel ym mhob pwnc ac o fewn dim, poen oedd Samantha Gray. Niwsans. Bwli. Doedd ganddi ddim ffrindiau iawn ar ôl. Roedd hi'n perthyn

rude

smokers

to challenge

care

in reality

birds of a
feather

apart from

her hold

to invite

to worry

squeaky

i'r criw *digywilydd* sydd yn bod ym mhob ysgol.

Yr *ysmygwyr*. Y wêstars. Y rhai sy'n *herio* pawb a phopeth, hyd yn oed yr athrawon y tu allan i'r ysgol. Un o'r rheiny oedd Sam. Un o giang. Un o griw nad oedd yn *malio* beth oedd yn digwydd iddi nag i neb arall. Doedden nhw'n malio dim *mewn gwirionedd*. Doedd eu teuluoedd ddim yn malio rhyw lawer amdanyn nhw chwaith. *Adar o'r unlliw*.

Ar wahân i mi. Roedd gan Sam fi ac yn dal *ei gafael* yn dynn yno i.

Doeddwn i ddim yn un o'r criw gwyllt. Roedd gen i fy ffrindiau fy hun. Genod call. Genod neis. Genod roedd Mam yn eu hoffi. Ac yn eu *gwahodd* i'r tŷ am goffi. Dim fel Sam.

Mam druan. Mae hi'n crio o hyd ac o hyd am ei bod yn *poeni* amdana i.

"Ti'n dod i fyny, ta be, Gwawr Siôn?"

Roedd hi wedi dod â fi i mewn i hen dŷ gwag ar ben y rhes yn Lôn Glasgoed. Mi drodd Sam ar dop y grisiau *gwichlyd* ma er mwyn edrych oeddwn i'n ei dilyn hi. Bob tro'r oedd hi'n dweud Gwawr

Siôn roeddwn i'n teimlo ei bod hi'n chwerthin am fy mhen i. Mi ddywedodd hi wrtha i pan oedden ni'n blant ei bod hi ddim yn hoffi enwau rhy Gymraeg. 'Rêl Welshis 'di teulu chdi, de? Jones ddim yn ddigon da fel *cyfenw*, ta be?' Er fy mod i wedi trio *anwybyddu*'r geiriau, mi wnaeth tôn ei llais fy mrifo i. Bitsh. A finna'n ormod o fabi i'w herio hi i'w hateb yn ôl. A rŵan dwi'n talu'r pris...

Dilynais Sam i fyny'r grisiau. Roedd y papur yn dod oddi ar y waliau tamp, yn hongian yn stribedi *fel teimlyddion slefren fôr*.

"Sut wyt ti'n gwbod am y lle ma, Sam?"

Roedd hi'n edrych yn smyg. Fel plentyn *efo cyfrinach*.

"Arfar dod yma efo Gari."

Yr ecs erbyn hyn. Drygi. Roedd o yn y carchar am dros flwyddyn am dorri i mewn i siop.

"Lle distaw i ni gael bod efo'n gilydd, de? Cael llonydd." Ac mi edrychodd arna i'n *awgrymog*.

"Dwi'n oer," medda fi. Yn gwybod dim. Dwi'n gwybod rŵan be' di bod yn *oer go*

surname

to ignore

jellyfish tentacles

with a secret

suggestive

really cold

to shriek

relentless
I froze
to breathe
invisible
strings /
pulling me

the scene

peaceful

odd
I should /
to shit bricks

ever

dead body

iawn. Mor oer fel does dim teimlad ar
ôl...

Agorodd Sam y drws ar dop y landin a
dechreuodd hi *sgrechian*. Dros y stafell.
Dros y t . Dros bob man. Sgrech hir,
ddiddiwedd.

Rhewais. Fedrwn i ddim symud, ddim
anadlu hyd yn oed.

Yna roedd fel pe bai *llinynnau
anweledig* yn *fy nhynnu* i'n nes. Fel pe
bawn i'n byped. Yn nes ac yn nes. Yn fy
nhynnu i mewn i sgrech Sam. I mewn i'r
stafell, ac i ganol *yr olygfa*.

Pan stopiodd Sam weiddi roedd
pobman mor llonydd. Bron yn
heddychlon. Bron fel eglwys. Dyna
wnaeth i mi beidio bod yn ofnus. Sam
oedd y babi mawr rŵan. Dim fi.

Ac roedd hynny'n *rhyfedd*. Yn od. Mi
ddylwn inna fod wedi *cachu brics* hefyd
ac wedi sgrechian dros y lle.

O achos doeddwn inna *erioed* wedi
gweld *corff* o'r blaen.

Dawn

to hover
butterfly

so pale /
like clay

kite

ceiling

spider's web
and dust

to blow
to be
frustrated

it would be
the second
time

Mi oedd o'n deimlad od, *hofran* yno,
uwch ben fy nghorff fy hun, fel *pili pala*
bach cynnes. Ia, cynnes. Doeddwn i ddim
yn gallu aros yn llonydd, felly roeddwn
i'n creu fy ngwres fy hun, fel fflam fach.
Fy nghorff i fy hun oedd yn gorwedd
mor welw ar y gadair. Yn oer *fel clai*.
Ond fedrwn i ddim symud oddi wrth fy
nghorff. Dim ond hofran o gwmpas yn
yr un lle, fel *barcud* plentyn yn sownd
wrth linyn. Roeddwn i'n gallu cyrraedd y
nenfwd isel a oedd uwch ben y gadair lle'r
oedd fy nghorff yn eistedd. Roedd *gwe
pry cop a llwch* ar y nenfwd. Ych! A finna
fel pe bawn i'n anadlu'r cyfan i mewn
ond yn methu *ei chwythu* o allan wedyn.
Sôn am *rwystredigaeth*! Ond dim hanner
mor rhwystredig â gwybod eich bod yn
farw, mae hynny'n bendant!

Profiad newydd. Cael eich lladd. Wel,
mi fasa, on'd basa? Fasech chi ddim isio
marw *eilwaith*, dwi'n dweud wrthoch chi!
Mi oeddwn i bob amser yn meddwl am

bobol wedi marw â'u llygaid wedi cau. Fel Taid *yn ei arch* ers talwm. Ond roedd fy llygaid i ar agor o hyd, a fy ngheg i hefyd, rhyw ychydig. Doeddwn i ddim yn rhy hapus am hynny. Ceg fel'na oedd gan Anti Fflo yn ei chwsg pan oedden ni'n mynd i edrych amdani yn y cartref hen bobol 'na ers talwm. Iyc!

Ond o leia does gen i ddim *glafoerion* yn rhedeg i lawr ochr *fy ngên*. Mi faswn i'n marw taswn i'n edrych felly. (Jôc!)

Mae un peth yn sicr pan ydach chi'n hofran o gwmpas tu allan i'ch corff – mae gennych chi ddigon o amser i edrych *yn fanwl* arnach chi eich hun! Mi ges i amser i *sylwi* ar y sbotiau ar fy ngên, a'r *cysgodion* duon o dan fy llygaid. Biti na faswn i wedi cofio rhoi eyeliner du'r diwrnod pan ges i'n lladd. Mi fasai'r effaith yn llawer mwy Gothig! Ond dyna fo, dydi rhywun jyst ddim yn meddwl, nac ydi? Mae o'r un fath â thrio cofio rhoi nicyrs glân bob dydd rhag ofn i chi *gael eich taro* gan fws.

A dyna beth arall. Doeddwn i ddim wedi *sylweddoli* pa mor fudr a blêr oedd

in his coffin

dribble my chin

careful to notice shadows

being hit

to realize

fy nillad i pan oeddwn i'n fyw – heb sôn am fy nillad isa. Dydi rhywun ddim yn medru golchi dillad, na molchi, nac ydi, wrth gysgu mewn drws siop, neu mewn *twll o le* fel hyn? Edrychais ar fy nillad a chofio'r adeg pan ges i'r siaced denim yn newydd.

Presant gan Nain oedd hi. Ac mi oedd hynny flwyddyn yn ôl, cyn iddi farw... Doedd bywyd *ddim 'run fath* wedyn. Nain oedd yn edrych ar fy ôl i. Ond aeth hi'n sâl, do? Ac wedyn doedd 'na neb. Mi fues i am ychydig mewn cartre plant nes fy mod i'n un deg chwech oed. Cic allan ar fy nhin wedyn. Byw'n ryff. Drysau siopau. Heroin. A hyn...

Meddwl am hynny roeddwn i pan agorodd y drws yn sydyn. Ac un o'r merched yn sgrechian. *Y dalaf* o'r ddwy. Hogan fawr hefo wyneb *crwn*, plaen. Gwallt *lliw llygoden* a llygaid fel cerrig. Oer. Golwg bitsh galed arni. Ond hi oedd y *gachwraig*. Hi oedd yn sgrechian, wedi ca'l llond bol o ofn, a finna'n gwneud dim byd, ar wahân i edrych fel un o'r props ar set yr Adams Family. Morticia, eat your heart out!

a dump
of a place

not the same

the tallest
round
mouse-
coloured

coward

Beth bynnag, dyna'r lle'r oeddwn i, jyst 'yna', fel bydd cyrff marw, a dyna'r lle'r oedd hon, y beth fawr ma, yn gweiddi *nerth esgyrn ei phen*.

at the top of her voice

Ond roedd 'na ferch arall. Bach. Tenau. Wyneb main. Gwallt tywyll. *Tebyg* i mi, a dweud y gwir. Mi fasan ni wedi gallu bod yn chwiorydd. Pe bawn i'n fyw mi fyddwn i wedi ca'l *andros* o ofn. Y sioc o weld rhywun mor debyg i mi fy hun. Fel edrych mewn drych. Dim ond steil ein gwalltiau ni oedd yn wahanol. Roedd ei gwallt hi'n hir. Yn sgleinio. Yn lân. Roedd fy un i mor wahanol. Cwta. Stribedi o binc yng nghanol y du. A'r holl jél 'na wedyn. Roedd o'n fwy na dim ond ffasiwn. Jél ar ben mwy o jél i *guddio'r saim*. Roedd hi'n haws dwyn pot o jél na chael cyfle i olchi fy ngwallt, doedd?

similar

terrible

to hide the grease

Roedd y ferch *bryd tywyll* yn dal i sefyll *fel delw*. Wnaeth hi ddim smic. Roedd hi'n edrych ar fy nghorff i a finna i fyny yn y fan hyn yn edrych i lawr arni hithau.

dark-haired

completely still

Roedd o'n deimlad rhyfedd, gan fy mod i'n *cael fy nhynnu ati* fel pe bawn i'n ei nabod hi. Roedd edrych arni fel

being drawn towards her

edrych ar ddoe, ar *fy mhlentyndod* saff
pan oedd Mam yn fyw, Nain yn fyw. Pan
oedd 'na dân gwyllt a Siôn Corn, partïon
pen-blwydd a chanhwyllau a jeli... Oedd,
mi oedd ddoe yn saff ac roeddwn i isio
mynd yn ôl yno, a *rhywsut neu'i gilydd*,
mi oedd hynny 'run fath â mynd ati hi.
At y ferch bryd tywyll ma oedd mor
debyg i mi, mor debyg i Mam. *Esgyrn
bychain*, gwallt tywyll, llygaid tywyll...
fel Mam... fel fi... pawb yn dweud fy
mod i'n debyg i Mam... hiraeth... mae'r
hiraeth yn fy nhynnu, *fy nenu*. Mae'r
llinyn anweledig sy'n fy nghlymu wrth fy
nghorff yn *ymestyn*, ymestyn, yn mynd
yn bellach oddi wrth y ferch farw yn y
gadair. Nid hi ydw i rŵan. Dydi hi'n ddim
byd ond *cragen*. Dwi'n *llacio fy ngafael*, yn
gadael... yn fy ngadael fy hun ar ôl... yn
mynd yn nes, yn nes ati hi...

*somehow or
other*

small-boned

attracts me

to stretch

*a shell /
to loosen my
hold*

Gwawr

to fill my head

grave

mouthy

another age
dream

hoarse
sore throat

Dau beth oedd yn *llenwi fy mhen* i – sŵn
sgrechian Sam a wyneb gwelw'r ferch
farw yn y gadair. Roedd hi'n nosi'n
gyflym a'r stafell yn oerach na *bedd*, ond
doedd gen i ddim ofn. Dyna oedd mor
od. Tra oedd Sam – Sam *gegog*, bowld
– mewn hysteria bron, roeddwn i'n gwbl
dawel. Doeddwn i ddim yn dangos bod
arna i ofn, o gwbwl. Roeddwn i'n teimlo
fy mod i'n adnabod y lle, yr olygfa,
fel pe bawn i wedi bod yma o'r blaen
mewn *rhyw oes arall*. Roedd hi fel ail-
edrych ar hen ffilm mewn *breuddwyd*,
neu ail-ddarllen paragraff mewn llyfr
ar ôl blynyddoedd maith. Daeth rhyw
dawelwch rhyfedd drosta i ac roedd
gweiddi Sam yn mynd ar fy nerfau. Yn
sydyn, doedd arna i ddim o'i hofn hithau
bellach.

"Cau hi, wnei di!" Fy llais i a doeddwn i
ddim yn ei nabod o. Roedd o'n *gryg*. Llais
dolur gwddw. Llais caled.

Caeodd Sam ei cheg. Roedd y sioc yn

open-mouthed

take my eyes off

a stranger

had found

look at the needles
to disappear

to shiver

amlwg ar ei hwyneb wrth iddi edrych arna i'n *gegrwth* fel petai pry cop wedi gweiddi arni o un o'r corneli. Doeddwn i erioed wedi siarad hefo hi fel'na o'r blaen. Ond dim Sam oedd yn bwysig bellach.

Fedrwn i ddim *tynnu fy llygaid oddi ar* y ferch farw. Doeddwn i erioed wedi'i gweld hi o'r blaen, wrth gwrs, ond doedd hi ddim yn *ddiarth* chwaith. Roedd hi'n debyg i rywun, ond i bwy?

"Shit!" medda Sam. Roedd hi *wedi dod o hyd* i'w llais. "Tyrd o'ma! Rŵan!"

"Mae hi wedi marw," medda fi.

"Jynci, de? *Sbia'r nodwyddau* ar y llawr. Dyna pam mae'n rhaid i ni *ei gleuo hi*…"

"Ond fedran ni ddim jyst ei gadael hi…"

"A be fedran ni ei wneud i helpu hon rŵan?" medda Sam yn flin. Roedd ei hofn yn ei gwneud *yn rhynllyd*. "T… t… tyrd o'ma, wir Dduw!"

"Ond beth am yr heddlu…?"

"Be amdanyn nhw, Miss Gwdi Gwdi? Dw i ddim yn mynd atyn nhw. Does neb yn gwybod ein bod ni'n dwy wedi bod

— 19 —

yma! Fydd neb yn gwybod chwaith! *Dallt?*"

"Ond..."

"*Dallt?*" Roedd ei llais hi'n swnio'n gryfach y tro hwn, yn debyg i'r hen Sam. "Dwi ddim isio bod yn rhan o ddim byd lle ma'r cops yn dechra holi. Iesu, ma hi'n *drewi* yma!" Trodd ar ei sawdl. Clywais y grisiau'n gwichian eto dan ei phwysau.

Roedd llygaid llonydd y ferch yn y gadair fel pe baen nhw'n fy nilyn i, fel llygaid mewn hen ddarlun. Yn sydyn, teimlais yn *benysgafn*. Y sioc, siŵr o fod. A doeddwn i ddim wedi bwyta cinio, nag oeddwn? Roedd hi fel petai rhywbeth yn sownd yn fy ngwddw i. Dechreuais *dagu*. Roedd Sam yn gweiddi o waelod y grisiau.

"Tyrd, neu dwi'n mynd *hebddat* ti!"

Ceisiais ateb ond roeddwn i'n dechrau colli fy llais. Roedd y crygni yno yn *mygu* fy ngeiriau.

Baglais trwy'r drws a dilyn Sam i awyr y nos. Roedd hi wedi stopio bwrw, ac roedd dail yr hydref yn sgleinio *fel gwymon* gwlyb yn y cwteri. Erbyn hyn

understand

it stinks

light-headed

to choke

without

stifle

I stumbled

like seaweed

roedd hi'n tywyllu. Mi fedrwn weld
sigarét Sam yn ddotyn o dân yn y pellter,
yn oren caled fel lampau'r stryd.

Dawn

Roedd hi fel pe bai'r llinyn wedi torri. Y llinyn anweledig oedd yn fy nghadw yn yr hen stafell damp 'na. Yn *fy ngorfodi* i hofran o gwmpas fy nghorff marw fy hun. Ond doeddwn i ddim yn *gwbl rydd* chwaith. Doedd gen i ddim dewis. Cefais fy nhynnu ati hi a fedrwn i ddim *dianc*. Oeddwn, roeddwn yn cael fy nhynnu fel gan fagned at y ferch ma. Y ferch bryd tywyll oedd mor debyg i mi. Roeddwn i'n cael fy nghar[i]o ati, fel cath mewn basged. Ac roedd sŵn *ei hanadl hi*'n cau amdana i, fel tonnau'r môr.

Mor braf oedd cael gadael yr ystafell dywyll, damp. Roedd awyr y nos yn oer ond am y tro cyntaf ers dyddiau roeddwn i'n teimlo'n gynnes. Nid *cynhesrwydd* fel cynhesrwydd blanced neu gôt oedd o chwaith. Rhyw wres gwahanol. Aer cynnes fel gwres canolog yn fy *amgylchynu*.

Dechreuodd y ferch grio. Yn sydyn. Dagrau fel *diferion o wydr poeth*. Yn creu

to compel me

completely free

escape

her breath

warmth

surrounding

droplets of hot glass

mwy o'r gwres ma, a finna'n rhan ohono.
Siaradodd y llall yn gyflym, y Sam 'na.
Roedd yna densiwn rhwng y ddwy ferch
o'r munud y gwelais i nhw. Roeddwn i
wedi gweld digon o genod fel Sam ar y
stryd. Genod caled. *Hunanol.* Yn gwybod
sut i edrych ar eu holau eu hunain.
Cegog. Roeddwn innau'n gallu bod felly
hefyd.

Caled ar y tu allan. Roeddwn i'n cael
llonydd wrth fod felly. Llonydd gan bobol
fel Sam. Dysgais yn y cartref plant sut i
guddio fy ofn. Faswn i ddim wedi gadael
i Sam *fy nhrin i* fel roedd hi'n trin y ferch
yma. Fasai hi ddim wedi cael fy mwlio i.

"Blydi hel, Gwawr! Paid â bod mor
sofft! Ti rêl babi!"

Ac mi oedd y Sam ma rêl bwli! Hi oedd
wedi bod bron *â chachu yn ei throwsus*
gynnau ond rŵan bod ganddi ffag yn ei
cheg roedd hi wedi cael ei *hyder* yn ôl.

Gwawr oedd enw hon felly. Y ferch
bryd tywyll. Dyna *gyd-ddigwyddiad* arall.
Rhywbeth arall i'n *clymu* ni. Oherwydd
mai Dawn oedd fy enw innau. A 'gwawr'
ydi 'dawn' yn Gymraeg. Yr un ystyr. Yr un

enw. Hi a fi. Fel un. Roeddwn i'n teimlo
bod rhaid i mi *amddiffyn* Gwawr, ond
yn flin tuag at Sam. Roedd ei geiriau cas
yn *brifo* Gwawr ac yn yn fy mrifo innau
hefyd. Doeddwn i ddim am gymryd y
crap ma! Penderfynais ateb dros Gwawr.
Pan agorodd hi ei cheg, gwnes yn siŵr
mai fy llais i ddaeth allan!

"*Paid ti â meiddio* fy ngalw i'n fabi!
Chdi oedd y babi i mewn yn fanna! Felly
cau di dy geg, y bitsh dew!"

O, mi ges i hwyl yn dweud hynny
wrth Sam ac edrych ar ei hwyneb hi!
Bitsh dew! Roedd hi'n *haeddu* honna,
yr hen *ast*, yn enwedig gan ei bod hi
wedi fy ngalw innau'n 'jynci' gynnau.
Ac yn awgrymu fy mod i'n drewi! Wel,
drewi basa hithau tasa hi wedi marw
hefyd! Roedd ei hwyneb hi'n bictiwr. O,
roedd hyn yn sbort! Roedd hi *fel pe bai
gen* i gyfle arall i fyw fy mywyd. *Gallwn
ddefnyddio* Gwawr rŵan. Gallwn siarad
drwyddi hi. Roeddwn i *newydd brofi*
hynny!

Allwn i wneud pethau eraill drwyddi hi
hefyd? Wedi'r cyfan, doedd fy nghorff i fy

to protect

to hurt

Don't you dare

to deserve
bitch

as if I had
I could use

just proved

worth
nothing

to refuse

mischievous

to remind

to dare

to possess

wonderful

hun *yn dda i ddim* i mi bellach, ond am ryw reswm, roedd fy ysbryd i'n aflonydd, yn *gwrthod* setlo. Yn gwrthod marw. Na, doedd fy ysbryd i ddim yn barod i orffwys eto. Roeddwn i eisiau cael tipyn mwy o hwyl!

Blincin hec, roedd fy mywyd i wedi bod yn ddigon anodd hyd yn hyn. Yn drist. Yn ddiflas. Roeddwn i'n hoffi chwerthin ers talwm. Chwarae triciau a bod yn eitha *direidus,* a dweud y gwir! Ac roedd meddwl am chwarae triciau ar Sam yn fy *atgoffa* o hynny. Cefais syniad. Rhaid dwyn y sigarét 'na o'i cheg hi! Fyddai Gwawr byth wedi *meiddio* gwneud hynny. Ond fi oedd tu mewn i Gwawr rŵan. Yn ei *meddiannu.* Yn dweud wrthi beth i'w wneud.

Teimlais fod gen i bŵer newydd, *rhyfeddol.* Dim ond meddwl am y peth wnes i, ac yn sydyn, symudodd Gwawr yn nes at Sam a thynnu'r ffag o'i cheg! Roedd y peth yn wych! Pe bai gen i lais byddwn wedi chwerthin. Ac yna cofiais. Roedd gen i lais rŵan! Mi fedrwn i chwerthin os oeddwn i isio. Trwy Gwawr.

A daeth sŵn chwerthin cryg, *digywilydd* o wddw Gwawr. Fy chwerthin i! Wnaeth Sam ddim ateb yn ôl chwaith. Roedd hi wedi dychryn gormod i ddweud dim byd! Ddywedodd hi ddim gair, dim ond *rhythu* ar Gwawr fel pe bai hi'n sylwi arni am y tro cyntaf erioed. Roedd wyneb Sam yn welw o dan lamp oren y stryd ac roedd ei gwefus yn *crynu*.

Roedd hi'n edrych fel pe bai hi wedi gweld ysbryd!

Gwawr

Wnes i ddim mynd i'r ysgol y dydd Llun
wedyn. Roeddwn i wedi colli fy llais.
Roedd hi fel pe bai gen i ddolur gwddw
ond doedd gen i ddim poen, dim ond
rhyw *grygni yn crensian* drwy fy ngeiriau.
Doeddwn i erioed wedi colli fy llais o'r
blaen.

"Larinjeitus," meddai Doctor Morgan.
"Rhaid i ti *orffwys* rŵan. Does dim byd
arall amdani. Does 'na ddim ffisig i ddod
â llais yn ôl, sti! *Amynedd* sydd isio, dyna
i gyd!"

Roeddwn i'n teimlo'n sâl. Nid sâl-isio-
chwydu, ond rhyw deimlad rhyfedd,
bron fel ffliw. Ac roedd rhywbeth yn dod
drosta i weithiau na fedrwn i mo'i *egluro*.

Fel y noson o'r blaen. Nos Sadwrn.
Doeddwn i ddim wedi bod yn teimlo'n
dda iawn ers hynny.

Fedra i ddim credu fy mod i wedi
dweud wrth Sam am gau'i cheg! Ei
galw hi'n 'bitsh dew'! Roedd hyd yn oed
meddwl am y peth wedyn yn gwneud

*hoarseness /
to crunch*

to rest

patience

to be sick

to explain

to sweat

devil

not a bit

to boil the
kettle

fussing

to feel sick

i mi *chwysu*. Lle ces i ddigon o gyts i
wneud hynny? Roedd hi fel pe bawn i'n
cael fy rheoli gan rywbeth arall. Bron fel
pe bai *diafol* bach tu mewn i fy mhen i.
A phan wnes i ddwyn y sigarét o'i cheg
hi doedd gen i *ddim mymryn* o'i hofn hi.
Mi fyddwn i wedi ymladd hefo hi pe bai
rhaid!

Ar ôl i mi ddod adref wedi gweld y
doctor roedd Mam yn disgwyl amdana i
ac yn *berwi'r tegell* er mwyn paratoi diod
o lemon poeth. Mam i'r dim. Yn gwneud
ff s. Fel arfer, roeddwn i'n mwynhau
hynny. Yn mwynhau cael Mam yn edrych
ar fy ôl pan oeddwn i'n sâl. Ond heddiw
roedd hi'n mynd ar fy nerfau. Yr holl
holi a *swnian*. Y Lemsip poeth. Nid dolur
gwddw oedd gen i! Mi oedd meddwl am
yfed y stwff *yn codi pwys* arna i.

"Dwi ddim isio fo, Mam." Yn fy
hanner-llais bach cryg.

"Ond mi wneith o les…"

"Dwi ddim isio'r blydi peth!
Gwrandwch arna i am unwaith, wnewch
chi!"

Rydw i'n dal i gofio'r poen yn ei llygaid.

Y sioc. Doeddwn i ddim yn arfer siarad fel'na hefo Mam. Mam annwyl, glên. Yn fy nghalon roeddwn i'n gwybod mai dim ond gwneud ei gorau oedd hi. Ond *ar y pryd* doeddwn i ddim isio gweld hynny.

"Be sy'n bod, Gwawr bach? Mae 'na rwbath arall yn dy boeni di, yn does...?"

Ond fedrwn i ddim dweud wrthi, na fedrwn? Roeddwn i wedi gweld corff merch ifanc yr un oed â fi mewn hen dŷ gwag ar Lôn Glasgoed. Fedrwn i ddim dweud wrth neb. Roedd gen i ormod o ofn. Ofn Sam. Ofn yr heddlu. Ofn cael y bai am rywbeth. Ofn y *canlyniadau*.

Gwrandewais ar y bwletinau newyddion i gyd, ond doedd 'na ddim byd ar y radio na'r teledu, dim sôn am neb yn *darganfod* corff merch mewn hen d . Fedrwn i ddim *anghofio* wyneb y ferch. Roedd hi yno, ddydd a nos, yn *hunllef* byw.

'Jynci' oedd Sam wedi'i galw hi. Ac oedd, roedd 'na nodwyddau o gwmpas. Oedd hi wedi cymryd *gor-ddôs o gyffuriau* felly? Ai damwain oedd hi, neu oedd y ferch wedi *bwriadu* ei lladd ei hun?

at that moment

consequences

to find

to forget

nightmare

overdose of drugs

to intend

Dau ddiwrnod yn ôl aethon ni i'r tŷ yn
Lôn Glasgoed. Efallai, doedd neb arall
wedi bod yno. Wrth gwrs! Pwy fasa'n
meddwl mynd i'r fath dwll o le? Dyna
pam doedd yna ddim byd wedi bod ar y
newyddion. Mae'n rhaid bod y corff *yno
o hyd*!

still there

Daeth teimlad oer i fy stumog a
dechreuodd *fy nhu mewn* droi. Doedd
gen i ddim dewis. Fedrwn i ddim gadael
y corff yno heb ddweud dim wrth neb.
Doedd y peth ddim yn iawn. Oeddwn i'n
mynd i ddweud wrth yr heddlu rŵan?
Roedd gen i ofn gwneud hynny oherwydd
beth ddywedodd Sam. Doeddwn i ddim
isio *cael fy nhynnu i mewn* i hyn. Ac eto...

my insides

to be involved

Penderfynais. Roedd yn rhaid i mi fynd
yn ôl. Roedd meddwl am y t ma'n *gyrru
iasau i lawr asgwrn fy nghefn*. Ond roedd
yn rhaid i mi gael gwybod a oedd rhywun
arall wedi dod o hyd i'r corff.

*to send
shivers down
my spine*

Gadewais y t heb ddweud dim wrth
Mam. Roedd hi'n meddwl fy mod i'n dal
yn fy stafell wely'n *gorffwys*, oherwydd
roeddwn wedi gadael fy chwaraewr CD
yn chwarae.

to rest

Lapiais fy sgarff yn dynn am fy ngwddw. Roedd gwynt yr hydref yn oer a fy siaced i'n teimlo'n denau ar fy nghefn. Roeddwn i'n *difaru* na fyddwn i wedi gwisgo côt drymach ond doeddwn i ddim yn mynd i droi'n ôl rŵan a mentro cael fy holi gan Mam.

Roedd y t 'n edrych yn wahanol yng ngolau dydd. Golwg drist, siabi oedd arno a doedd dim golwg *fygythiol* arno. Ond roeddwn i'n gwbod beth oedd yn y tŷ, on'd doeddwn? Dyna oedd yn dechrau *codi arswyd* arna i. Yn rhyfedd iawn, roeddwn i'n teimlo'n fwy ofnus nag y teimlais y noson o'r blaen. *Llyncais* yn galed. Roedd drws y cefn wedi agor yn y gwynt ac roedd dail wedi cael eu chwythu i mewn i'r *cyntedd cul*. Edrychais ar y grisiau *noeth* o fy mlaen. Roedd rhywbeth yn fy ngyrru i ymlaen ac er gwaetha'r cryndod yn fy nghoesau gallwn glywed y grisiau'n gwichian o dan *fy mhwysau* unwaith eto a daeth yr un hen arogl tamp i fy *ffroenau*. Anadlais yn ddwfn cyn agor y drws ar dop y landin. Sut byddai'r corff yn edrych erbyn hyn

Margin glosses:
- I wrapped
- regret
- threatening
- to scare
- I swallowed
- narrow porch
- bare
- my weight
- nostrils

tybed? Yr un fath? Oedd o wedi dechrau *pydru*? Doeddwn i ddim yn gwybod beth i'w ddisgwyl. Caeais fy llygaid cyn agor y drws er mwyn *fy mharatoi fy hun*. Yn araf, araf, agorais fy llygaid. Ac, o do, mi gefais fraw. Doeddwn i ddim wedi disgwyl hyn. Dim. Gweld dim.

Roedd y corff wedi mynd.

Roedd y nodwyddau wedi *diflannu* hefyd.

to rot

prepare myself

to vanish

RHAN 2
Dawn

Roedd o'n deimlad rhyfedd. Bod yn rhan
o Gwawr. Byw yn ei phen hi ddydd a nos.
Ond y noson gyntaf honno – nos Sadwrn
– cefais fy rhyddid am ychydig.

to decide
to complain

Roedd Gwawr wedi *penderfynu* mynd
i'r gwely'n gynnar, gan *gwyno* bod ganddi
gur yn ei phen. Fi oedd achos hynny,
wrth gwrs. Rêl cur pen ydw i! Doeddwn

to suffer

i ddim isio i Gwawr *ddioddef*, ond doedd
gen i ddim dewis. Mewn ffordd od, hi

only hope

oedd *fy unig obaith* i rŵan.

Fedrwn i ddim peidio teimlo'n

jealous

eiddigeddus wrth weld stafell wely
Gwawr. Pinc. Piws golau. Gwyn.
Lliwiau merched. Glân a del. Tedi bêrs

soft pillows
the rest of

a *chlustogau meddal* ac ogla da ar bob
dim. Fel *gweddill* ei chartref. Glân a
chroesawus. Tŷ neis. Rhieni clên. Roedd
ganddi bopeth. Popeth a gollais i pan fu

astray

Mam farw. Aeth popeth *ar chwâl* wedi
colli Mam. Roedd Nain yna gyda mi,

ond roedd hi'n rhy hen i edrych ar fy ôl
i'n iawn. A phan fu hithau farw, doedd
gen i neb. Mi oeddwn innau fel Gwawr
unwaith, ond roeddwn i'n anlwcus.
Dyna'r cyfan ydi o. Lwc. Byddai'r hyn *a*
ddigwyddodd i mi wedi gallu digwydd i
unrhyw un.

happened

Bu Gwawr *yn troi a throsi* am amser
hir. O'r diwedd syrthiodd i gysgu. Roedd
hi wedi blino cymaint erbyn hyn. A
dyna pryd digwyddodd o. Dyna pryd y
sylweddolais i. Gallwn grwydro'n bell,
bell oddi wrthi heb deimlo magned yn
fy nhynnu'n ôl. Pan adewais fy nghorff
fy hun i *ymuno â* Gwawr, roedd fel pe
bai'r hen linyn wedi torri a llinyn newydd
wedi fy nghlymu wrth Gwawr. Yn ei
phen hi roeddwn i rŵan, neu'n hofran
o'i chwmpas. Doeddwn i ddim yn gallu
mynd yn bell iawn oddi wrthi. Ond rŵan,
a hithau'n cysgu, newidiodd pethau.

*tossing and
turning*

I realised

*pulling me
to join*

Roeddwn i'n dal i hofran o gwmpas
ei phen hi yn ei gwylio hi'n cysgu. Ond
ar ôl tipyn mae gwrando ar berson arall
yn chwyrnu yn mynd braidd yn ddiflas.
O, doedd hi ddim yn chwyrnu'n hyll,

to snore

fel mochyn neu fabŵn na dim byd felly.
Rhyw chwyrnu bach meddal oedd o, fel
chwyrnu cath. Ond ar ôl deng munud
roedd o'n dechrau mynd yn bôring!
Dechreuais dynnu ychydig ar fy llinyn
anweledig. Yn rhyfedd iawn, roedd y
llinyn fel pe bai'n hirach a llwyddais i
gyrraedd *sil y ffenest* ym mhen draw'r
ystafell. *Llithrais* rhwng y llenni. Pe bai
gen i drwyn, byddwn wedi *ei wasgu* yn
erbyn gwydr y ffenest a byddai *fy anadl*
fy hun wedi *cymylu'r* gwydr. Ond doedd
gen i ddim trwyn, nag oedd? Nag anadl
chwaith! Ac roedd hynny'n braf. Gwasgu
fy hun i gyd yn erbyn y gwydr oer ac
edrych allan.

Roedd y ffenest *yn gilagored*. Teimlais
fy hun yn cael fy nhynnu i gyfeiriad y
drafft bach ysgafn. Dechreuais deimlo'n
gyffrous. Doedd dim yn fy nal yn ôl.
Gallwn ddianc trwy'r ffenest agored!

Roeddwn i *fel pe bawn* i'n hedfan
wedyn. Fel Siwperted! Siôn Corn! Dyma
freuddwyd plentyn yn dod *yn wir*! Es
yn gyflym dros ben y tai ac roedd pob
to gwlyb yn sgleinio yn y tywyllwch fel

I began

window ledge
I slid

to press it
my breath
to cloud

slightly ajar

excited

as if

dream / true

mantell gwrach. Yn sydyn doedd gen
i ddim rheolaeth. Roeddwn yn cael fy
nhynnu, fy *sugno* bron, i un cyfeiriad
– i gyfeiriad Lôn Glasgoed! Roeddwn
i'n hofran uwch ben yr hen dŷ gwag lle
cefais fy lladd. Ia, fy llofruddio.

Roeddwn i'n gwybod bod y cyffuriau'n
mynd i fy lladd i os nad oeddwn i'n *rhoi'r
gorau iddyn nhw*. Roedd hi mor hawdd
mynd yn gaeth i heroin. Y teimlad braf
'na roedd ffics yn ei roi – roedd o'n fy
nghynhesu fi. Yn rhoi nerth i mi. Neu
felly roeddwn i'n meddwl. Ond roeddwn
i'n gorfod dwyn, on'd oeddwn, er mwyn
cael pres i dalu am y stwff. Doedd hi
ddim mor hawdd dwyn pres. Weithiau
roeddwn i'n lwcus. Dwyn ambell i
handbag, neu bwrs o fag agored tra oedd
o'n dal ar *ysgwydd rhywun*. Mae rhai
pobol yn gallu bod mor flêr, yn *cynnig
eu heiddo* i ladron mor hawdd. Doedd
cardiau'n dda i ddim, y pres roeddwn i
ei isio! Ac roeddwn i'n teimlo'n *uffernol*
wedyn. Wrth gwrs fy mod i! Oṇd doedd
gen i ddim dewis.

Doeddwn i ddim yn teimlo *mor euog* yn

dwyn o siopau mawr. Dillad. CDs a stwff
felly. Roeddwn i'n gallu gwerthu rheiny
wedyn.

Tra oeddwn i allan un diwrnod yn
chwilio am stwff i'w ddwyn, mi welais i
Debbie.

Cafodd y ddwy ohonon ni sioc.
Roeddwn i yn y siop ddillad fawr ma,
pobol o gwmpas ym mhob man. Pawb
yn *gwthio heibio'i gilydd* yn edrych drwy'r
pethau oedd yn y sêl. Roedd dyddiau
sêls yn wych ar gyfer pigo pocedi – neu
fagiau.

Roedd y ferch ma'n sefyll *o fy mlaen i*
yn edrych drwy'r dillad a'i bag yn agored
ar ei hysgwydd. Gallwn weld ei phwrs
yn glir. Yn dew ac yn ddu, yn *nythu* yng
nghanol *hancesi papur*, sgarff a menig.
O, mor hawdd oedd hyn! Pawb yn rhy
brysur yn siopa i sylwi arna i. Eiliad.
Dim ond eiliad fyddai hyn yn ei gymryd.
Llifodd yr adrenalin i flaenau fy mysedd.
Roedd *lledr* y pwrs yn llyfn, yn oer...

"Hei!" Trodd y ferch yn wyllt.

Gollyngais y pwrs. Ac edrychais i mewn
i lygaid brown *cyfarwydd*. Roedden

*pushing past
each other*

in front of me

*nestling
paper
handkerchieves*

flowed

leather

*I let go
familiar*

— 37 —

like lightning
to realise

perfume
ashamed

sweat

the only one
real attention

magazines
make up
her nails

nhw'n fflachio'n wyllt *fel mellt*, cyn iddi *sylweddoli*'n sydyn pwy oeddwn i.

"Dawn!"

"Debbie!"

Meddalodd ei llygaid yn syth. Roedd arna i isio crio. Ac yn sydyn roedd hi'n gafael amdana i'n dynn. Roedd ogla *persawr* arni. Ogla hyfryd, a dyna wnaeth i mi dynnu'n ôl *mewn cywilydd*. Mae'n siŵr bod ogla *chwys* drwg arna i. Doeddwn i ddim wedi cael bath iawn ers wythnosau. Ond os oeddwn i'n drewi, wnaeth Debbie ddim dangos ei bod wedi sylwi o gwbl.

Roedd Debbie'n arfer gweithio yn y cartref plant pan oeddwn i yno. *Yr unig un* oedd yn rhoi *sylw go iawn* i mi. Roedd hi'n rhoi ei hen *gylchgronau* i mi, ambell bot o *golur* llygaid a farnis ewinedd. Roedd *ei hewinedd* hi bob amser yn berffaith.

"Tyrd," meddai Debbie. "Mi awn ni am banad."

Ond prynodd ginio i mi. Y peth ofnadwy oedd ei fod o'n ormod o fwyd, er doeddwn i ddim wedi bwyta'n iawn ers dyddiau. Roedd fy mol i wedi llenwi'n fuan iawn, achos doeddwn i ddim wedi cael bwyd fel hyn ers amser.

"Fedri di ddim byw fel hyn, Dawn."

Cefais fath yn ei fflat hi a dyna beth oedd nefoedd. Roedd hi mor braf dechreuais grio. *Dagrau* hallt yn *llifo* i'r bybl bath poeth. Debbie oedd yn iawn a dyna pryd y penderfynais *gymryd ei chyngor* hi. Byddai'n rhaid i mi wneud apwyntiad i weld *ymgynghorydd* cyffuriau. Y cam cyntaf.

Roeddwn i wedi gwneud *trefniadau* i gyfarfod Dennis y noson honno yn yr hen dŷ gwag ar Lôn Glasgoed. Dennis oedd yn *cyflenwi*'r cyffuriau. *Roedd arna i* hanner canpunt iddo ond roedd o'n *fy nhrystio i*, medda fo, felly byddai'n dal i ddod â mwy o stwff i mi.

Ond y noson honno roeddwn i'n mynd i ddweud wrtho fo. Gofyn am amser i dalu'r *ddyled* a gwrthod mwy o gyffuriau. Roedd gweld Debbie wedi rhoi *gobaith* newydd i mi. Dywedodd y byddai hi'n chwilio am help i mi, ond byddai'n rhaid i minnau fod yn *benderfynol* hefyd. Bod yn gryf. A doedd hynny ddim yn mynd i fod yn hawdd. Roedd deffro yn y bore yn

---

Glossary (margin):

tears / to flow

to take her advice

advisor

arrangements

to supply / I owed him

to trust me

debt
hope

determined

ddigon anodd yn barod. Teimlo mor oer ac wedi *cyffio*. Matres o gardbord tamp neu lawr concrit *di-ildio*. O leiaf pan oedd gen i rywbeth i'w gymryd gallwn edrych ymlaen at weddill y diwrnod. Byddai cael 'hit' yn fy nghynhesu, yn gwneud i mi anghofio am yr oerfel a'r *budreddi* oedd o gwmpas. *Hebddo fo*, teimlwn yn uffernol, yn crynu fel pe bawn i'n hel y ffliw.

"Mae'n rhaid i ti roi'r gorau i'r cyffuriau, Dawn. Dyna'r cam cyntaf a'r cam pwysicaf."

Roedd geiriau Debbie'n canu yn fy mhen. Yn rhoi gobaith i mi am y tro cyntaf ers amser maith. Meddyliais am hynny wrth ddisgwyl am Dennis. Teimlais yr ystafell yn *lapio'i hoerni amdana i*. Roeddwn i'n *casáu*'r hen dŷ ar Lôn Glasgoed, ond roedd hi'n well bod yma nag allan ar y stryd.

Clywais sŵn traed ar y grisiau. Roedd o yma. Dechreuais grynu. Rŵan, doeddwn i ddim yn teimlo'n oer, teimlo'n ofnus oeddwn i. Roedd hyn yn mynd i fod mor anodd. Oeddwn i isio *rhoi'r gorau* i'r stwff? Roedd gen i ofn dweud wrth Dennis a

stiff
unyielding

dirt
without it

to wrap me
with cold
to hate

to give up

hynny oedd yn fy *nychryn i*'n fwy na dim.

"Paid â *mwydro*!" Dyna ddywedodd
o i gychwyn. Ar ôl i mi ddweud wrtho
nad oeddwn i isio mwy o gyffuriau.
Dechreuodd chwerthin.

"Poeni am y pres wyt ti. Dyna ydi o,
de? Dwi'n gwbod. Mi gei di dalu'r tro
nesa…"

"Ond…"

"Ia, ia. Does dim rhaid i ti egluro. Mae
gen ti ddyled yn barod. Paid â phoeni. Mi
helpa i. Mi wnawn ni feddwl am ffordd
arall i ti dalu…"

Gwenodd yn awgrymog a rhoi ei law
ar fy ysgwydd. Teimlais fel chwydu.

Roedd *ofn gwirioneddol* arna i rŵan ond
roeddwn i'n dal yn trio cofio geiriau
Debbie, 'rhaid i ti… rhaid i ti…'

"Na. Na, Dennis!" Cefais nerth o rywle
i godi fy llais. I swnio'n gryf. "*Mi a' i* at yr

heddlu…!"

Culhaodd ei lygaid *yn fygythiol*.
Disgwyliais iddo ymosod arna i. Ond
wnaeth o ddim. Cerddodd at y ffenest
heb edrych arna i. Tanio smôc. Cynnig

un i mi hyd yn oed, ond *ysgydwais* fy

unexpected

to imagine

a living

to remind

sandwiches

to take

to persuade

rabbit

mhen. Roedd y cyfan mor *annisgwyl*. Pan siaradodd o, roedd ei lais yn feddal, bron yn garedig.

"Dwi ddim isio i ni ffraeo, Dawn."

"Na... na finna..."

"Anghofia am y ddyled. Am bopeth. Does arnat ti'r un geiniog i mi. Ocê?"

Fedrwn i ddim credu fy nghlustiau. Oeddwn i'n *dychmygu* pethau?

"Yli, Dawn. Dwi ddim yn ddyn drwg. Jyst trio gneud *bywoliaeth*. Dydi joban dyn seciwriti mewn siop ddim yn talu mor ffantastig â hynny, sti!"

Mi oedd o'n trio gwneud jôc. Cadw'i lais yn ysgafn, oedd yn fy *atgoffa* i o sut wnes i ei gyfarfod o i ddechrau. Dwyn pecyn *o frechdanau*. Fo'n fy nal i, a gweld ei gyfle. Dweud na fydda fo'n fy riportio i pe bawn i'n ei helpu o. *Danfon* cyffuriau i rywun, fel ffafr iddo fo. Wedyn mi lwyddodd i fy *mherswadio* i drio peth fy hun. Roedd y cyfan mor hawdd iddo fo, fel dal *cwningen* mewn trap...

"Ti wedi bod yn gwsmer da," meddai Dennis wedyn. "A ti isio rhoi'r gorau i'r smac rŵan? Wel, ocê, ta. Dy fywyd di ydi o. Ond ti'n crynu. Ti'n oer. Cymer un 'hit' arall. Am ddim, wrth gwrs. Presant ffarwél, os leci di. Wedi'r cyfan, wneith un 'hit' arall ddim drwg i ti. Gei di stopio fory."

Roedd hynny'n *ormod o demtasiwn*. Gadewais iddo *lenwi'r* syrinj. Fedrwn i ddim aros, a dweud y gwir, roeddwn i mor wag, mor oer. Mi fasai hyn yn fy helpu, fy helpu i deimlo'n gryf eto. A wnes i ddim *sylweddoli* nes ei bod hi'n rhy hwyr. Roedd Dennis yn gwybod yn iawn beth roedd o'n ei wneud. Teimlais y nodwydd yn fy mraich, ond roedd hi fel pe bai'r cyfan yn cymryd mwy o amser. Roedd mwy o gyffur nag arfer, mwy o boen y nodwydd i'w deimlo...

Y peth olaf a glywais i oedd llais Dennis. Chwerthin Dennis, yn bell ac yn agos yr un pryd, fel y sŵn chwerthin mewn twnnel *trên sgrech*.

"Yr heddlu wir!" a chwarddodd wedyn. "Na, chei di ddim cyfle i ddweud wrth yr heddlu na neb arall eto. A chditha'n meddwl fy mod i'n ddigon sofft i gynnig ffrîbi i chdi!"

Fedrwn i ddim siarad na symud, gan fod fy nghorff wedi ei *barlysu*. Arhosais felly am nad oedd gen i ddewis, a disgwyl i'r teimlad ddechrau llifo'n ôl. Ond wnaeth o ddim. Doeddwn i ddim hyd yn oed yn teimlo'r oerfel rŵan, doeddwn i'n teimlo dim. Roedd Dennis wedi mynd. Ac yna sylweddolais fy mod i'n farw. Roedd Dennis wedi rhoi gor-ddôs o heroin i mi, wedi fy lladd i rhag i mi fynd at yr heddlu!

paralysed

Roedd *dychwelyd* i'r hen dŷ fel ysbryd yn deimlad od. Mynd i fyny'r grisiau heb ddefnyddio fy nhraed! *Disgwyliais* weld fy nghorff fy hun yn llonydd ac unig ar y gadair galed 'na. Ond cefais *andros o fraw*. Roedd rhywun arall yno! Lleisiau! Llithrais i mewn drwy'r drws agored a chlywed Dennis yn dweud:

to return

I expected

a heck of a fright

"Blydi hel! Drafft oer o rywle!"

"Ma'r lle ma'n sbŵci!" atebodd llais arall. Llais nad oeddwn i'n ei adnabod. "Brysia, wir Dduw, cyn i rywun ein gweld ni!"

Roedden nhw'n fy symud i! Symud fy nghorff i! Fy nghau i mewn bag hir a *chlymu'r* top wedyn fel pe bawn i'n sach o datws!

"Lle dan ni'n mynd i ddympio hon?" gofynnodd y dyn diarth. Roedd ganddo wyneb fel *llygoden fawr*.

"Y *lle arferol*," atebodd Dennis yn swta. Roeddwn i'n teimlo *mor wallgof* ond fedrwn i wneud dim. Roeddwn i wedi marw. *Ochneidiais* yn hir a wedyn sylweddoli bod y ddau ddyn yn crynu. Wrth gwrs! Ysbryd oeddwn i rŵan! Hyd yn oed os nad oedd gen i lais, roedd 'na ffyrdd eraill o wneud i bobol deimlo'n *anghysurus!*

Dilynais y ddau i lawr at y fan oedd wedi ei pharcio yn y cefn. Dennis oedd yn fy ngharlo i dros ei ysgwydd *fel pe bawn i'n bluen*. Mae'n debyg fy mod i'n ysgafn iawn, gan nad oeddwn i'n ddim ond *croen am asgwrn* pan oeddwn i'n fyw.

"Dwi'n siŵr fy mod i'n *hel annwyd*," meddai Llygoden Fawr, wedi iddyn nhw eistedd yn y fan. "Does gen ti ddim gwres yn y fan ma, dywed?"

"Oes, i fod," atebodd Dennis. Chwaraeodd hefo nobyn y *gwresogydd*

to tie

rat
usual place
so mad

I groaned

uncomfortable

as if I was a feather

skin and bones
catching a cold

heater

— 45 —

ond heb lwyddo i gael dim gwres.
Roeddwn i wedi deall bod gen i'r gallu i
roi fy holl oerni i mewn yn y gwresogydd!
Byddai'n rhaid i'r ddau *rynnu*!

Ymhen ychydig roedden ni wedi
cyrraedd Pont Glasgoed. Hedfanais yn
isel uwch ben fy nghorff yn y sach ar lawr
y fan. Teimlais yn ofnadwy o drist. Dyma
oedd fy *nhynged* felly. Roedd 'na frics yn y
fan hefyd, gan mai fan *adeiladwr* oedd hi.
Cyfleus iawn. Doedd dim angen *athrylith*
i ddeall beth oedd yn digwydd. Byddai
brics yn dal y sach i lawr ar ôl iddyn nhw
fy nhaflu i Afon Glasgoed.

Doedd hyn ddim yn iawn! Roedd hyn
yn *erchyll!* Roedd yn rhaid i mi ddweud
wrth rywun. Ond sut? Ysbryd oeddwn i.
Ac eto, roedd yn rhaid i mi drio. Gwawr
oedd fy *unig obaith*. Rhywsut neu'i
gilydd, roedd yn rhaid i mi gael help
Gwawr.

Gwawr

Cefais freuddwyd ofnadwy y noson
honno. Gwaeth na breuddwyd. Hunllef.
Roeddwn i yn ôl yn yr hen dŷ 'na ac yn yr
still hunllef roedd corff y ferch yno *o hyd* ac
roeddwn i'n sefyll ac yn syllu a daeth dau
ddyn o rywle a dechrau symud y corff.
Am ryw reswm doedden nhw ddim yn
gallu fy ngweld i. Roedd hi fel pe bawn
invisible i'n *anweledig*, yn sefyll yno'n gwylio'r
cyfan. Roedd wyneb un o'r dynion yn
familiar *gyfarwydd*, fel pe bawn i'n ei adnabod
o ond fedrwn i ddim cofio pwy oedd
o. Wyneb main, caled oedd gan y llall.
ferret Roedd o'n debyg i ryw *ffured* bach, neu
lygoden fawr. Ia, hen lygoden fawr hyll.
Fedrwn i ddim cael y llun o fy meddwl.
Roedd y cyfan mor real, mor wir.
Roeddwn i'n gallu teimlo'r oerni yn yr
smell the ystafell ac *arogli'r tamprwydd* ar y waliau.
damp Dechreuodd y ddau ddyn godi corff y
ferch a'i roi mewn rhyw fath o sach.
Ai dyna ddigwyddodd go iawn? Yn fy
mreuddwyd aeth y dynion â'r corff mewn

to throw it

I woke

every detail

I wandered
grumpy

I agreed
do me good

fan er mwyn *ei luchio* dros ryw fath o wal
i ddŵr tywyll, dwfn.

Deffrais yn chwys domen. Roedd fy
ngheg yn sych ac roedd y cur pen rhyfedd
'na wedi dod yn ôl.

"Gwawr?" Llais Mam o waelod y
grisiau. "Ti isio brecwast?"

Wnes i ddim ateb. Y peth olaf oedd
arna i ei isio oedd bwyd. Roeddwn i'n ail-
fyw'r hunllef ac yn dal i gofio *pob manylyn*
yn glir. Penderfynais fod yn rhaid i mi
drio anghofio pob dim. Roedd gweld corff
y ferch 'na yn Lôn Glasgoed yn gwneud
i mi deimlo'n sâl. Roedd yn rhaid i mi
ddweud wrth rywun. Ond pwy?

Yn ystod y bore'n *crwydrais* o stafell
i stafell yn *bwdlyd*. Roedd Mam wedi
dechrau cael llond bol arna i a cheisiodd
fy mherswadio i ddal bws i'r dre a mynd
o gwmpas y siopau. *Cytunais*. Pam lai?
Efallai byddai hynny'n *gwneud lles* i mi.

Roedd y bws i'r dre bron yn wag.
Doeddwn i ddim yn adnabod neb ac
roedd hynny'n fy mhlesio'n iawn achos
fyddai dim rhaid i mi siarad hefo neb.
Doedd gen i mo'r help. Doeddwn i ddim

to hammer

my brain
/ computer
to delete

drunk

isio teimlo felly ond roedd y cur rhyfedd
ma yn dal *i forthwylio* tu mewn i fy mhen
i a llun y ferch farw yn dal yno'n glir.
Teimlai *fy ymennydd* fel sgrîn *cyfrifiadur*
erchyll yn gwrthod *dileu'r* darlun.

Arafodd y bws ar Bont Glasgoed.
Roedd y lôn yn gul ar y bont ac roedd
angen gwneud lle i lori. Edrychais drwy
ffenest y bws dros wal y bont i lawr i'r
dŵr du. Ac yn sydyn dechreuais deimlo'n
chwil. Dyma'r dŵr du a welais yn fy
mreuddwyd. Roeddwn i wedi bod yma
o'r blaen!

Dawn

to transfer

Doeddwn i ddim yn siŵr a fyddai fy nghynllun i'n gweithio. *Trosglwyddo'r* hyn a welais i feddwl Gwawr. Roedd y daith yn ôl at Gwawr, dros bennau'r tai a'r pentref yn *fwy anodd*. Doeddwn i ddim yn teimlo mor ysgafn ac felly ddim yn gallu hedfan mor uchel ar ôl bod ar Bont Glasgoed. Roedd y *tristwch* tu mewn i mi wedi 'ngwneud i'n drwm.

more difficult

sadness

Llithrais yn fy ôl i mewn drwy'r llenni. Roedd Gwawr yn dal i gysgu'n braf. Efallai y gallwn wneud iddi freuddwydio am yr hyn a welais i. *Glaniais* arni, yn ei gwallt a dechrau canolbwyntio. Meddyliais am holl *ddigwyddiadau'r* noson yn eu trefn. Ac yna griddfanodd Gwawr yn isel yn ei chwsg. Dechreuodd droi a throsi. Gwaeddodd yn uchel: 'Na! Na!'

I landed

events

Teimlais yn euog wrth *darfu* ar ei chwsg, ar ei breuddwydion ac ar ei bywyd. Gwawr druan. Doedd hi ddim yn *haeddu* hyn. Doeddwn i ddim yn hoffi creu poen iddi ond doedd gen i ddim

to disturb

to deserve

dewis. Dyma'r unig ffordd. Rhaid gwneud yn siŵr nad oedd Gwawr yn anghofio'r hyn welodd hi. Roedd yn rhaid cadw'r cyfan *yn fyw* yn ei phen hi, wedyn, efallai y byddai hi'n gallu gwneud rhywbeth i fy helpu i.

Fedrwn i ddim disgwyl iddi ddeffro. Doeddwn i ddim wedi gorffwys drwy'r nos. Dyna fy mhroblem i, roeddwn i'n ysbryd aflonydd, yn doeddwn? Gwyddwn na fedrwn i ddim gorffwys nes bod Dennis a'i fêt yn talu'r pris.

Pan benderfynodd Gwawr fynd i'r dre doedd gen i ddim dewis ond ei dilyn hi.

Unwaith roedd hi'n effro roedd y llinyn anweledig yn fy nghlymu wrthi eto. Roedd hynny'n braf ac yn *llai o ymdrech* i mi. Roeddwn i yn cael fy ngharïo ganddi ac yn gallu defnyddio fy *egni i blanu* meddyliau a syniadau ym mhen Gwawr. Gwelais fy nghyfle pan arafodd y bws ar Bont Glasgoed. Dyma'r union le roedd fy nghorff yn gorwedd! Roeddwn i mewn sach *ar waelod* yr afon â brics yn fy nal i lawr! Gwnes fy ngorau glas i ganolbwyntio. Mae'n rhaid fy mod i wedi ochneidio mewn poen fy hun wrth feddwl am bopeth oherwydd crynodd Gwawr a chodi coler ei siaced. Doeddwn i ddim wedi bwriadu gwneud iddi deimlo'n oer. Cofiais yn sydyn fy mod i'n *rhyddhau chwa* o wynt fel drafft oer bob tro'r oeddwn i'n *ochneidio*.

Doedd ceisio anfon Gwawr at yr heddlu ddim yn mynd i weithio. Roedd hi'n stori rhy anhygoel. Roedd hi ei hun wedi sylweddoli hynny. Ond roedd yn rhaid i mi adael iddi wybod mai Dennis oedd yn *gyfrifol*. Roedd yn rhaid i mi *ei harwain* ato fo. Roeddwn i'n gwybod lle yr oedd o'n gweithio. Efallai pe bawn i'n arwain Gwawr at y fan honno y byddai hi'n ei weld ac yn ei adnabod fel y dyn yn ei breuddwyd. Doedd gen i ddim byd i'w golli er bod y syniad yn un braidd yn *uchelgeisiol!* Pan gyrhaeddon ni ganol y dref *canolbwyntiais* eto ar Gwawr, gwneud iddi fod isio diod. Bu bron iddi gerdded i mewn i gaffi a daliais fy anadl!

I'r *archfarchnad* roeddwn i isio iddi fynd, wrth gwrs. Canolbwyntiais ar y lle yn fy meddwl a cheisio trosglwyddo'r

to release a gust of sighed

responsible to lead her

ambitious I concentrated

supermarket

syniad i Gwawr. Roedd yn gweithio!
Roedd hi'n dal i gerdded i *gyfeiriad* y
siop lle byddai Dennis yn cadw llygad
am ddrygis *llwglyd* yn trio dwyn bwyd
ac wedyn yn eu *rhwydo* nhw. Swyddog
diogelwch, wir! Fo *ddylai fod* yn nwylo'r
heddlu!

Mi welson ni Dennis bron *yn syth*. Pe
bai gen i stumog mi fyddai honno wedi
rhoi tro! Ac yna cefais andros o sioc.
Daeth Dennis at Gwawr i siarad â hi.

"Dwi ddim wedi dy weld di ers talwm,
Gwawr," meddai. Roedd y ffordd roedd
o'n gwenu arni'n gwneud i mi deimlo'n
anghysurus. Fel'na yn union y gwenodd
o arna i *pan gynigiodd* o'r cyffur ola i mi.
"Dwyt ti a Sam ddim yn ffrindia rŵan ta
be?"

"Ym... ydan... wedi bod yn brysur hefo
gwaith ysgol... heb gael cyfle..." Roedd
Gwawr wedi dechrau mwmblian. Doedd
hi ddim yn edrych yn gysurus iawn.
"Ym... sut ma Sam...?"

"Iawn, am wn i. Cegog fel arfer!"
Chwarddodd gan ddangos ei ddannedd i
gyd. Roedd yn rhaid i mi arwain Gwawr

direction

hungry
to ensnare

should be

straight away

when he
offered

oddi wrtho. Canolbwyntiais ar ei *syched*
a dechrau meddwl am boteli o ddiod
oer. Symudodd Gwawr yn ei blaen at y
silffoedd diodydd gan adael Dennis yn
syllu ar ei hôl. Roedd o'n gweld ei gyfle.

Fedrwn i ddim credu'r peth. Wyddwn i
ddim beth i'w wneud nesa.

Roedd Gwawr yn adnabod y *bwystfil*
yma!

thirst

shelves

beast

Gwawr

to leave

control

Roeddwn i'n teimlo'n sâl wrth *adael* y
bws. Doedd gen i fawr o *reolaeth* dros fy
nghoesau chwaith. Roedden nhw'n crynu
fel jeli. Bu bron i mi â mynd i mewn i'r
caffi agosaf ond doeddwn i ddim isio
sgwrsio gyda phobol eraill. Penderfynais,
am ryw reswm, fynd i brynu potel o
ddiod oer o'r archfarchnad. Doeddwn
i ddim yn cofio mai yn y siop honno
roedd Dennis, *llystad* Sam, yn gweithio.

stepfather

Roedd o'n sefyll reit wrth ymyl y drws yn
gwylio pawb yn mynd i mewn. Teimlais
yn annifyr wrth ei weld oherwydd fy
mod i wedi ffraeo hefo Sam. Oedd hi
wedi dweud rhywbeth, tybed? Nag oedd,
mae'n debyg. Fu pethau erioed yn rhy
dda rhyngddi hi a Dennis. Fyddai hi

to discuss

byth yn *trafod* ei ffrindiau, nac unrhyw
beth arall hefo fo. Ond roeddwn i'n dal
yn anghysurus yn ei gwmni er ei fod o'n
gwneud ymdrech i fod yn glên. Dyn ffals
oedd o. Ond roedd rhywbeth arall yn
fy mhoeni ynglŷn â Dennis y bore ma.

— 55 —

Doedd rhywbeth ddim yn iawn. Ac yna sylweddolais mai wyneb Dennis oedd yn fy mreuddwyd i neithiwr. Fo oedd un o'r dynion oedd yn symud y corff!

Ceisiais anadlu'n *bwyllog*. Cyfri i ddeg. Tyrd yn dy flaen, Gwawr Siôn! *Callia*! Breuddwyd. Hunllef hyd yn oed. Dyna'r cyfan oedd o. Ti'n colli *rheolaeth* ar bethau. Ond er i mi geisio *fy narbwyllo* fy hun, roedd fy nhu mewn i'n crynu. Roedd arna i isio crio. Roeddwn i'n sicr mai Dennis oedd wedi lladd y ferch 'na, ac wedi lluchio'r corff i Afon Glasgoed! Am syniad *gwallgof*! Efallai fy mod i'n dechrau *drysu*. Roedd yn rhaid i mi siarad efo rhywun? Nid Mam. Nid yr heddlu. Neb o'r ysgol. Dim ond un person arall oedd wedi gweld yr hyn a welais i. Sam oedd honno. Roedd yn rhaid i mi fynd i'w gweld hi eto. Ddyddiau yn ôl, roeddwn i eisio *cael gwared* â Sam o fy mywyd. Rŵan roedd y digwyddiad ofnadwy ma wedi'n *clymu ni*, wedi dod â ni'n ôl at ein gilydd.

Doeddwn i ddim isio hynny. Ond doedd gen i ddim dewis.

steadily wise up

control convince myself

mad confused

to get rid of

to tie us

Dawn

Lle roedden ni'n mynd? Lle roedd
Gwawr yn mynd â fi? Dechreuais fynd
i banig. Roeddwn i'n colli fy rheolaeth
drosti. Llwyddais i'w chael i fynd i'r
archfarchnad ond wedyn aeth pethau
wrong *o chwith*. Roedd Gwawr yn adnabod
Dennis. Wrth iddyn nhw ddechrau
siarad, roedden nhw wedi sôn am Sam.
Sam, yr hogan arall 'na. Y beth fawr
gegog. Roedd 'na *gysylltiad* rhwng Dennis
connection a'r Sam ma. Doedd o erioed yn dad iddi?
Llystad? O, na! Rŵan roedd pethau'n
complicated mynd *yn gymhleth*. Roedd gen i ofn.

Dilynais Gwawr i stad o dai ym mhen
isa'r dref. Roedden nhw'n dai eitha
neis. Gerddi taclus. *Palmentydd* bach
pavements glân. Canodd Gwawr gloch drws Rhif
8. Bu'n disgwyl *am sbelan*. Canodd am
for a while yr *eildro* a daeth dynes weddol ifanc at
second time y drws. Roedd ganddi ormod o golur ar
ei hwyneb a *chlustdlysau* mawr rhad.
earrings Roedd ei bronnau *sylweddol* yn trio'u
substantial gorau i ddianc allan o grys-T rhy dynn

— 57 —

hefo gwddw rhy isel. Daeth miwsig uchel o un o'r llofftydd. Ddywedodd hi ddim byd wrth Gwawr, dim ond gweiddi dros y sŵn:

"Sam! Un o dy fêts di!" A *throi yn ei hôl* i'r tŷ gan adael Gwawr yn sefyll yno. *Ymhen eiliadau* daeth Sam allan.

"Chdi sy na. Be ti isio?"

Roedd hi'n edrych ar Gwawr fel pe bai hi'n faw. Plîs, Gwawr, paid â bod yn wimp... Ceisiais *drosglwyddo* hyder i Gwawr, ond rhywsut *methais â'i chyrraedd* unwaith eto.

"Sam... ynglŷn â beth welson ni yn y tŷ 'na..."

Cymylodd wyneb Sam.

"Pa dŷ? Dwi ddim yn cofio dim byd..."

Gad lonydd i bethau, Gwawr, meddyliais. Paid â dweud dim wrth hon. Ei llystad hi *wthiodd* y cyffuriau i mi. Fo lladdodd fi! Ond aeth rhywbeth o'i le. Dim ond hanner y geiriau fedrwn i eu trosglwyddo i feddwl Gwawr. Roedd fy egni'n mynd a dod fel batri gwan. Ac yn lle stopio Gwawr rhoddais eiriau yn ei cheg hi:

to turn back

within seconds

to transfer
I failed
to reach

let things alone

pushed

"Dennis laddodd yr hogan 'na! Fo sy'n gyfrifol. Mae o'n gwerthu drygs, a ti'n gwbod hynny, yn dwyt, Sam? Dennis wnaeth...!"

Cau dy geg, Gwawr! Tyrd o' ma! Tyrd rŵan! Defnyddiais fy holl nerth. Roedd Sam yn edrych fel pe bai hi am ymosod ar Gwawr. Daeth amdani hefo'i hewinedd. Symudais yn sydyn. Rhoi mantais i Gwawr. Canolbwyntio. Canolbwyntio. Cod dy fraich, Gwawr. Rŵan. Gwna fo rŵan...

slap

shocked

Llwyddais. Cododd Gwawr ei llaw'n sydyn a rhoi *peltan* i Sam cyn i Sam ymosod arni hi. Safodd Sam yn *syfrdan*. Fel y tro o'r blaen pan ddangosodd Gwawr ei dannedd. Ond y tro hwn doedd arna i ddim isio chwerthin. Y tro hwn doedd pethau ddim yn ddoniol.

Y tro hwn roedd Gwawr mewn perygl.

Gwawr

Wn i ddim beth ddaeth drosta i. Mi waeddais i ar Sam. Dweud wrthi fod Dennis yn *llofrudd*! Ond roeddwn i'n llwyr gredu'r peth. Roeddwn i'n dal i gredu hynny wrth gerdded am y bws. Daeth popeth yn glir ac eto doedd neb wedi dweud wrtha i. Roedd hi fel pe bai gen i ryw *chweched synnwyr* ac roeddwn i'n gwybod fy mod i'n iawn. Roedd hi fel pe bai rhywbeth arall yn fy rheoli – neu rywun arall. Fedrwn i ddim egluro'r peth. Ond yr hunllef 'na. Roedd yr hunllef fel *rhybudd*. Fel neges yn dweud wrtha i beth ddigwyddodd yn y tŷ ar Lôn Glasgoed.

Gwyddwn rŵan yn union beth i'w wneud. Roedd 'na lais yn fy mhen i, yn siarad hefo fi, yn fy *arwain i*. Rŵan, doedd gen i ddim ofn.

Roedd y tŷ'n wag *pan gyrhaeddais* adref. Da iawn. Doeddwn i ddim isio siarad â neb. Doeddwn i ddim yn barod i ateb cwestiynau Mam. Dim eto...

Yn nistawrwydd fy stafell wely,

murderer

sixth sense

warning

to lead me

when I arrived

in the silence of

dechreuais sgrifennu llythyr at fy rhieni. Yn esbonio. *Yn ymddiheuro*. Sori am fod yn anodd, yn bwdlyd, yn gas… Roedd hi'n haws nag a feddyliais, sgrifennu'r cyfan mewn llythyr. Sgrifennu am Sam. *Ei gafael* drosta yn ystod yr holl flynyddoedd ma. Dyna pam aethon ni i'r tŷ 'na i gychwyn. *Oni bai am* hynny, oni bai am Sam, fyddai dim o hyn wedi digwydd.

Roedd yn llythyr hir. Wrth sgrifennu dechreuais deimlo'n well, fel pe bai cwmwl yn codi oddi arnaf. Nid hanes y tŷ ar Lôn Glasgoed yn unig oedd yma, ond fy hanes i. Popeth oedd wedi bod yn fy mhoeni.

Yna digwyddodd rhywbeth. Rhyw gysgod bach sydyn, fel chwa o wynt rhwng y llenni. Ond roedd y ffenest wedi cau. Ac yna gwelais i hi. Y ferch o Lôn Glasgoed. Y ferch farw. Ond doedd hi ddim yn edrych yn farw rŵan. Doeddwn i ddim yn gallu ei gweld hi'n hollol glir. Roedd hi fel llun nad oedd yn hollol mewn ffocws. A doedd hi ddim mewn lliw *yn llwyr* chwaith. Doedd ei thraed hi ddim fel pe baen nhw'n *cyffwrdd* y llawr yn iawn er nad oedd hi ddim yn hofran na dim byd felly. Roedd hi yno, dyna'r cyfan. Ac yn gwenu. Sylwais pa

mor debyg oedden ni. Fel *efeilliaid* bron. Roeddwn i'n teimlo mor agos ati, rywsut.

Estynnodd ei llaw i mi a gwnes innau'r un peth. Estyn allan, a'i chyffwrdd hi...

Dawn

Doeddwn i ddim wedi meddwl *ymddangos* o flaen Gwawr. Digwyddodd y peth cyn i mi sylweddoli. Roedd o'n brofiad od. Fel *ymlacio* ac ymestyn fy nghorff. Wedi'r cyfan, roeddwn i wedi treulio'r holl amser, ers i mi farw, fel chwa bach o wynt! Dyma fy ffordd i o'i *chysuro* hi, efallai. Roeddwn i wedi bod yn meddwl pa mor braf fyddai gallu bod yn nes ati, *rhoi cwtsh* iddi a dweud byddai popeth yn ocê. Fel byddai ffrind gorau yn ei wneud neu chwaer. Wyddwn i ddim beth arall i'w wneud. Teimlwn yn gyfrifol.
Fy mai i oedd hyn. Meddiannu Gwawr. A rŵan roedd pethau'n mynd o chwith. Fedrwn i ddim rheoli pethau yn yr un ffordd. Yn sydyn, teimlais *dynfa* fel pe bawn i'n cael fy *sugno* i *gyfeiriad* arall ac oddi wrth Gwawr. Ceisiais *frwydro* yn ei erbyn ond roedd fy egni wedi *diflannu*. Roeddwn i fel *deilen* o flaen gwynt mawr.
    Pan orffennodd y *chwyrlïo* a sŵn y gwynt roeddwn i yn fy ôl.

to appear

to relax

to comfort

to hug

being drawn sucked / direction
to battle
to disappear
a leaf
whirling

Yn y tŷ.

Yn yr hen dŷ gwag ar Lôn Glasgoed.

Yma, roeddwn i fod felly. Yn ysbryd aflonydd mewn hen dŷ.

I was frightened

Dychrynais pan welais Gwawr yn cyrraedd. Roedd dyddiau wedi mynd heibio. Wythnosau. Doeddwn i byth yn gweld neb. Roeddwn i fel pili pala mewn pot jam. Waliau'r stafell oer ma oedd *fy myd i* ond doeddwn i ddim yn teimlo'r oerni wrth gwrs. Roedd hynny'n *gysur*.

my world

a comfort

Roedd golwg ofnadwy ar Gwawr. Ei gwallt yn fudr, ei hwyneb yn welw. Roedd hi'n edrych yn debyg i sut roeddwn i yn edrych ers talwm pan oedd y cyffuriau wedi dechrau fy rheoli. Roedd golwg ofnus arni hefyd. Ofnus a chrynedig. Edrychai ar ei wats o hyd. Roedd hi'n amlwg ei bod hi'n aros am rywun...

Gwawr

Mi ddaeth Sam draw i fy ngweld y noson honno. Roedd hi'n wahanol. Yn glên. Gofyn oeddwn i'n teimlo'n iawn ac awgrymu fy mod wedi bod o dan straen hefo fy ngwaith ysgol.

"Ti'n dychmygu pethau," meddai.

"Be?"

over-tired

"Fel'na mae pobol sy wedi *gorflino*. Poeni am bethau. Gweld pethau..."

"Be? Ti'n trio deud doedd 'na ddim corff yn y tŷ...?"

serious

"Corff? Ti erioed *o ddifri*?"

"Ond roeddet ti yno... mi wnest ti sgrechian..."

"Dim ond am dy fod ti wedi gwneud. Mi

frightened

wnest ti fy *nychryn* i yn gweiddi fel'na!"

"Ond yr hogan 'na..."

"Pa hogan? Oedd rhywbeth ar y

news

newyddion? Wel?"

"Nag oedd, ond..."

need

"Noson allan. Dyna wyt ti ei *angen*! Tyrd. Mi awn ni rŵan..."

Tyrd. Rŵan. Rêl Sam. Fel erioed.

Bwlio. A finna'n gwrando. Roedd fy hyder newydd i gyd wedi diflannu. Fedrwn i ddim mo'i hateb yn ôl. Ond tybed mai Sam oedd yn iawn? Gweld pethau. Dychmygu pethau. *Ymddwyn* yn od. Cael hunllefau. Hyd yn oed yn meddwl fy mod i wedi gweld ysbryd yn fy stafell wely fy hun!

to behave

Ches i ddim gwared ar Sam yn y diwedd. Tan rŵan. Fedar hyd yn oed Sam ddim fy mhoeni i rŵan.

Es i allan hefo hi'r noson honno. Meddwi. Teimlo'n braf. Bryd hynny y rhoddodd rhywun gyffur i mi. Dydw i ddim yn siŵr pwy wnaeth. Ond doedd o ddim yn deimlad drwg. Na, roedd o'n braf. Fel *hedfan*. Ymlacio. Chwerthin yn uchel a chlywed fy llais fy hun yn dod o bobman...

to fly

Dechrau'r diwedd oedd hynny. A Sam yno drwy'r adeg. Yn hwrjio. *Annog*. *Cogio* cysuro. Cogio ei bod hithau'n eu cymryd nhw. Ond welais i erioed mohoni'n rhoi'r *nodwydd* yn ei braich ei hun chwaith. O, naddo dim ond dod â'r stwff i mi. Dweud ei bod hi wedi cymryd 'hit' cyn dod allan.

goading / to pretend

needle

A finnau'n ei chredu hi.

Aros amdani hi roeddwn i heno ma. Doeddwn i ddim yn disgwyl iddi ddod â Dennis hefo hi. Doeddwn i ddim yn disgwyl iddyn nhw chwaith fy nal i'n dynn a *chwistrellu*, chwistrellu... digon, digon, gormod...!

to inject

Rydw i wedi bod yn ddwl. Yn wallgof. Gwrando ar Sam fel'na. Gadael iddi fy mherswadio mai fi oedd yn *drysu*. Ond fi oedd yn iawn. Roedd Sam yn gwybod hynny. Yn gwybod mai Dennis oedd yn gyfrifol am ladd y ferch 'na.

confused

Ond pwy fyddai'n rhoi *to* uwch ei phen hi a'i mam pe bai Dennis yn y *carchar*? Oedd, roedd Sam wedi amau o'r dechrau un...

roof
jail

Mi wnes i weld ysbryd. Ysbryd y ferch 'na. Rhywsut neu'i gilydd mi wnaeth hi fy meddiannu i. A hi wnaeth fy mherswadio i sgrifennu'r llythyr 'na at Mam. Mae o yno o hyd yn y drôr wrth y gwely. Ac mae popeth ynddo fo. *Dyddiadau*. *Manylion*. Enw Dennis. Fy

dates
details

hunllef i. Ac os na ddaw'r heddlu yma mewn pryd i *ddarganfod* fy nghorff, rydw i wedi dweud wrthyn nhw'n barod am *chwilio* Afon Glasgoed. *Rhag ofn...*

Rydw i'n hofran rŵan. Fel pili pala. Neu *wyfyn* bach o gwmpas bylb y golau. Hofran o amgylch fy nghorff fy hun. Profiad od. Bron yn braf. Ond fedra i ddim mynd yn bell. Mae rhyw linyn anweledig yn fy nghlymu wrth fy nghorff fy hun.

Dydw i ddim yn teimlo'n unig chwaith. Achos ei bod hi yma. Y ferch. Mi welais i hi *gynnau*, fel llun allan o ffocws, a'i thraed bron, bron â chyffwrdd y ddaear. Rydw i'n falch ei bod hi yma. O leiaf mi fydd gen i gwmni. Fydd hi ddim mor ddrwg yma wedyn.

Chawn ni byth adael y lle ma. Dyma'n *tynged* ni.

Mae pobol wedi dechrau siarad yn barod. Dweud fod *ysbrydion* yn aflonyddu ar y tŷ sydd *ar ben* y rhes ar waelod Lôn Glasgoed.

Maen nhw'n dweud y gwir.

to find
to search
in case

moth

a while ago

fate

ghosts
at the end of

Yma y byddwn ni.

Nes byddan nhw'n *tynnu*'r hen le ma i lawr.

demolish

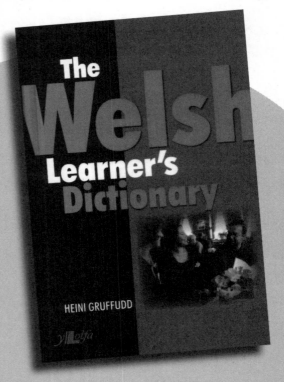

Gramadeg Cymraeg i Ddysgwyr

Cymraeg Da
£14.95 ISBN 0 86243 503 X

Welsh Rules
£14.95 ISBN 0 86243 656 7

Am restr gyflawn o lyfrau'r wasg,
mynnwch gopi o'n Catalog newydd, rhad
– neu hwyliwch i mewn i'n gwefan

www.ylolfa.com

i chwilio ac archebu ar-lein.

TALYBONT CEREDIGION CYMRU SY24 5AP
e-bost ylolfa@ylolfa.com
gwefan www.ylolfa.com
ffôn (01970) 832 304
ffacs 832 782